167

CONFESSION DE FOI
DE Mʀ. DE VOLTAIRE.

1769.

AVIS DE L'EDITEUR.

L'Empreſſement avec le quel le Public reçoit les productions de Monſieur De Voltaire eſt bien au deſſous de l'avidité avec laquelle l'on recherche les deux actes authentiques que j'ai l'honneur de vous tranſmettre, quelqu'un qui aura lû les ouvrages qu'a fait ou qu'on a attribué à ce célébre Auteur aura de la peine à y ajouter foi, cependant rien n'eſt ſi véridique.

FRançois Marie De Voltaire, Gentilhomme ordinaire de la chambre du Roi, Seigneur de Ferney, Tournais &c. &c. âgé de soixante & quinze ans passés, étant d'une constitution très-faible, s'étant traîné à l'église le saint jour du dimanche des rameaux malgré ses maladies, & ayant depuis ce jour essuié plusieurs accès d'une fièvre violente, dont le Sieur Bugros Chirurgien a averti Mr. le Curé de Ferney selon les loix du royaume; & le dit malade se trouvant dans l'incapacité totale d'aller se confesser & communier à l'église pour l'édification de ses vassaux, comme il le doit & le désire, & pour celle des Protestants dont ce pays est entouré, prie Mr. le Curé de Ferney de faire en cette occasion tout ce que les ordonnances du Roi, & les arrêts des Parlements commandent, conjointement avec les canons de la sainte église Catholique, professée dans le royaume; réligion dans laquelle le dit malade est né, a vécu & veut mourir, & dont il veut remplir tous les devoirs ainsi que ceux de sujet du Roi, offrant de faire toutes les déclarations nécessaires, toutes protestations requises, soit publiques, soit particuliéres, se soumettant pleinement à ce qui est de régle, ne voulant omettre aucun de ses devoirs quel qu'il puisse être, invitant Mr. le Curé de Ferney à remplir les siens avec la plus grande exactitude, tant pour l'édification des Catholiques que des Protestants qui sont dans la maison du dit malade : la présente signée de sa main, & de deux témoins, dont copie restée au Château, signée aussi du malade, & des deux mêmes témoins ; l'original, & une autre copie laissées entre les mains de mon dit Sieur Curé de Ferney, par les deux témoins soussignés, sauf à les rendre authentiques par main de Notaire si besoin est, le 30. Mars 1769. à dix heures du matin. DE VOLTAIRE.

Bigex, témoin.

Vagnière, témoin.

DÉCLARATION.

ET depuis au Château de Ferney le 31e. Mars après midi, l'an 1769. par devant moi Notaire soussigné, & en présence des témoins ci-après nommés, est comparu Messire François Marie De Voltaire, Gentilhomme ordinaire de la chambre du Roi, l'un des quarante de l'Académie française, Seigneur de Ferney, Tournex, Pregni & Chambeisi ; demeurant en son dit Château, lequel a déclaré que le nommé *Nonnotte*, ci-devant soi disant Jésuite, & le nommé *Guion* soi-disant abbé, ayant fait contre lui des libelles aussi insipides que calomnieux, dans lesquels ils accusent le dit Messire *De Voltaire* d'avoir manqué de respect pour la réligion Catholique; il doit à la vérité, à son honneur, & à sa piété, de déclarer, que jamais il n'a cessé de respecter & de pratiquer la religion Catholique professée dans le royaume, qu'il pardonne à ses calomniateurs, que si jamais il lui était échapé quelque indiscretion préjudiciable à la réligion de l'état, il en demanderait pardon à Dieu, & à l'état, & qu'il à vécu & veut mourir dans l'observance de toutes les loix du royaume, & dans la réligion Catholique étroitement unie à ses loix: fait & prononcé au dit Château les dits jour, mois, & an que dessus, en présence de revérend sieur Antoine Adam, prêtre, ci-devant soi disant jésuite, & de sieur Siméon Bigex, Bourgeois de la Balme de Rhin en Genevois, de sieur Claude Etienne Maugié, Orphévre Bijoutier, & de Pierre l'Archevêque Sindic, tous demeurants au dit Ferney, témoins requis.

Signé, DE VOLTAIRE.

Et depuis au même Château de Ferney, à neuf

heures du matin, du premier Avril 1769. par devant le dit Notaire & en préſence des témoins ci-après nommés, eſt comparu le dit Meſſire François Marie De Voltaire, Gentilhomme ordinaire du Roi, l'un des quarante de l'Académie Françaiſe, Seigneur de Ferney, Tournex, Pregni & Chambeiſi, demeurant à ſon dit Château de Ferney, lequel immédiatement après avoir reçu dans ſon lit, où il eſt détenu malade, la ſainte communion de Monſieur le Curé de Ferney à prononcé ces propres paroles.

Ayant mon Dieu dans ma bouche, je déclare que je pardonne ſincèrement à ceux qui ont écrit au Roi des calomnies contre moi, & qui n'ont pas réuſſi dans leurs mauvais deſſeins. (*)

De laquelle déclaration le dit Meſſire De Voltaire a requis acte que je lui ai octroié, en préſence de Revérend ſieur Pierre Gros Curé du dit Ferney, d'Antoine Adam Prêtre, ci-devant ſoit diſant Jéſuite, de Siméon Bigex, de Claude Joſeph Capucin du Couvent de Gex, de Claude Etienne Maugié Orfévre & Bijoutier, & de Pierre l'Archevêque Sindic du dit Ferney, y demeurants, témoins

---

(*) Ceci eſt aplicable à ceux qui ont écrit au Roi contre Monſieur De Voltaire.

soussignés, avec le dit Messire De Voltaire, & moi Notaire au dit Château, les dites heure, jour, mois & an que dessus.

Profession de foi de Mr. De Voltaire.

L'An 1769. & le 15. Avril par devant moi Claude Raffo, Notaire royal au bailliage de Gex, résident à Ferney, soussigné & en présence des témoins ci-après nommés ont comparus revérend Sieur Pierre Gros, Prêtre & Curé du dit Ferney, Pierre L'Archevêque, Sindic du dit Ferney, Claude Etienne Maugier Orfévre Bijoutier, Jean Baptiste Antoine, Guillaume, Louis Bugros Chirurgien, aggrégé à l'Académie Royale de Montpellier, Juré en ce dit Pays de Gex, Révérend Père Claude Joseph Prêtre, & Capucin du Couvent de Gex, & Pierre Jacquin Maître d'Ecole, demeurant au dit Ferney &c. &c. &c. lesquels ont déclarés avoir été présents lorsque Monsieur François Marie Arouet De Voltaire, Gentilhomme ordinaire de la Chambre du Roi, & l'un des quarante de l'Académie française, Seigneur de Ferney &c. &c. demeurant en son Château du dit Ferney a fait la confession de foi suivante le premier Avril de la dite année fur les neuf heures du matin, avant de recevoir le St. Viatique du dit Sieur Curé de Ferney. Je crois fermement tout ce que l'Eglife Catholique, Apoftolique & Romaine croit, & confeffe. Je crois un feul Dieu en trois perfonnes, Pére, Fils, & St. Efprit, réellement diftinguées, ayant la même nature, la même Divinité, & la même puiffance; que la feconde perfonne s'eft fait homme, qu'elle s'appelle Jéfus-Chrift mort pour le falut des hommes, qu'il a établi la fainte Eglife, à laquelle il appartient de juger du véritable fens des écritures; je condamne auffi toutes les hérefies que la même Eglife à condamnées & rejettées, ainfi que toutes les interprétations, & mauvais fens que l'on y peut donner.

C'eft cette foi véritable & Catholique, hors de laquelle on ne peut être fauvé, que je profeffe; que je reconnois feule véritable; je jure, promets, m'engage de la profeffer, & de mourir dans cette croyance, moyenant la grace de Dieu.

Je crois auffi d'une foi ferme, & je confeffe tous & un chacun des articles qui font contenus dans le fimbole des Apôtres, que j'ai recité en Latin fort diftinctement, je déclare de plus que j'ai fait cette même confeffion de foi entre les mains du Revérend Pére Joseph Capucin avant que de me confeffer.

Telle est l'audition desdits comparants qu'ils ont confirmée par serment véritable & de laquelle ils m'ont demandé acte que je leur ai octroié, pour servir à ce que de raison, fait & passé dans le Presbytére au dit Ferney, en présence de Bernard, Jaques manœuvre, & de J. Larchevêque ancien Sindic demeurant au dit Ferney, témoins requis & illitérés de ce enquis les dits comparants ont signés.

Gros, Curé.
Claude Joseph, Capucin.
Pierre Larchevêque, Syndic.
Claude Etienne Maugié.
Guerre Jaquin.
Bugroz Chirurgien.

Contrôlé à Gex, le 15. Avril 1769.

Reçu 21. sols, La Chaud.

CERTIFICAT.

Nous soussignés certifions que M. De Voltaire Gentilhomme ordinaire de la Chambre du Roi, l'un des quarante de l'Académie française, Seigneur de Ferney, Tournex, Pregny & Chambeisi au Païs de Gex près de Genève, a non seulement rempli les devoirs de la Réligion Catholique dans la paroisse de Ferney où il réside, mais qu'il a fait rétablir & décorer l'Eglise à ses dépens, qu'il a entretenu longtems un Maître d'école, qu'il a défriché à ses frais les terres incultes de plusieurs habitans, a mis, ceux qui n'avaient point de charrue en état d'en avoir; leur a bâti des maisons, leur a accordé des terreins, & que Ferney est aujourd'hui plus peuplé du double qu'il ne l'était avant qu'il en prit possession, qu'il n'a refusé ses secours à aucun des habitans du voisinage.

Requis de rendre témoignage, nous le donnons comme la plus exacte vérité. Signé *Gros* Curé, *Sauvage de Verny* Sindic de la Noblesse, *Fabri*, premier Sindic Général & subdélégué de l'Intendance, *Christin* Avocat, *David* Prieur des Carmes, *Adam* prêtre, & *Fournier* Curé.

Controllé à Gex le 28. Avril 1768.

Signé *De la Chaut*.

Je soussigné Claude Raffo Notaire Royal au Baillage de Gex, résident à Ferney, déclare avoir extrait & collationné mot à mot sur son original le certificat ci-dessus à moi exhibé par Monsieur De Voltaire, & en même temps retiré. Le tout

fait à sa réquisition à Ferney le 28. Avril 1768.
Signé DE VOLTAIRE & Raffo.

Controllé à Gex, le 28. Avril 1768.
Reçu 6. sols 6. deniers.
Signé *Delachaut*.

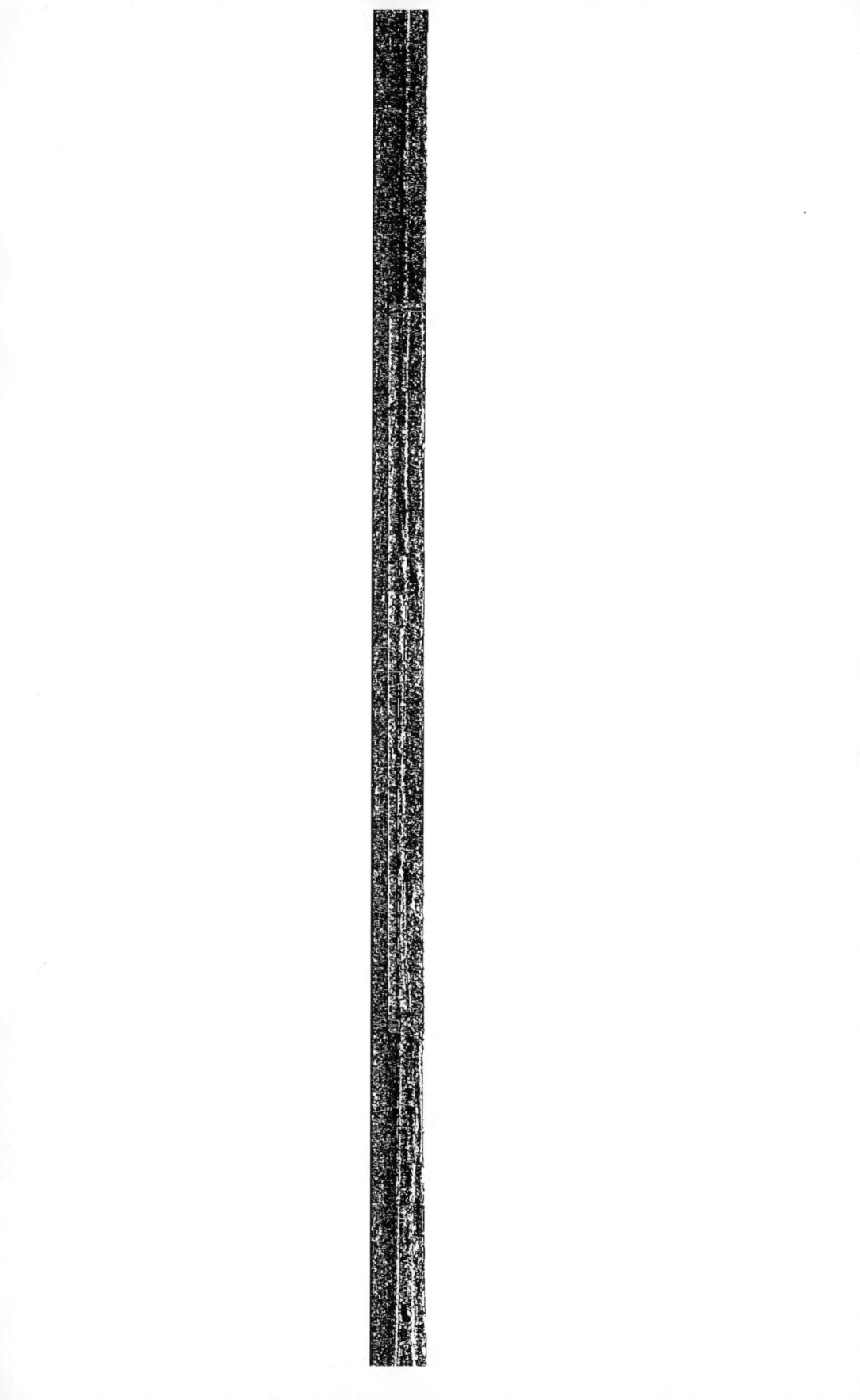

www.ingramcontent.com/pod-product-compliance
Lightning Source LLC
Chambersburg PA
CBHW071423060426
42450CB00009BA/1977